Lógica de programación para IA: Introducción a la programación con enfoque en inteligencia artificial

Resumen

1. Introducción

2. Fundamentos de Lógica de Programación

3. Pensamiento computacional para IA

4. Estructuras de datos y algoritmos

5. Algoritmos clásicos para IA

6. Introducción al aprendizaje automático

7. Manipulación de datos para IA

8. Creación de un modelo de IA simple

9. Depuración y prácticas lógicas en IA

10. Conclusión y próximos pasos

Capítulo 1: Introducción

Objetivo: Presentar el contenido y la importancia de la lógica de programación para el desarrollo de la IA.

- **Introducción a la IA**: Concepto básico, cómo la IA está transformando el mundo y las áreas donde se aplica.

- **¿Por qué aprender lógica de programación para IA?** Explique la importancia de la lógica y cómo se utiliza para resolver problemas complejos.

Capítulo 2: Fundamentos de la lógica de programación

Objetivo: Introducir al lector en los fundamentos de la lógica de programación, imprescindible para cualquier proyecto de IA.

- **Variables y operadores**: Tipos de datos (enteros, cadenas, booleanos), variables y operadores matemáticos y lógicos.

- **Estructuras condicionales**: Explique if, else y switch, con ejemplos de código Python.

  - *Ejemplo*: Un programa que comprueba si una persona es mayor de edad.

- **Estructuras de repetición**: Explique por, mientras y la importancia de las repeticiones en la IA.

  - *Ejemplo*: Bucle que promedia una lista de calificaciones.

- **Ejercicio práctico**: Crear un programa de pseudocódigo que compruebe los números pares de una lista.

Capítulo 3: Pensamiento computacional para la IA

Objetivo: Desarrollar la capacidad de pensar lógica y computacionalmente para resolver problemas.

- **Desglose de problemas**: Dividir los problemas grandes en partes más pequeñas y fáciles de resolver.

- **Reconocimiento** de patrones: Cómo identificar patrones en los datos para crear algoritmos de IA.

- **Abstracción y algoritmos**: Explique la importancia de abstraer detalles para centrarse en la lógica central.

- **Ejercicio práctico**: Crear un algoritmo que analice una secuencia de números e identifique patrones (ejemplo de progresión aritmética).

Capítulo 4: Estructuras de datos y algoritmos

Objetivo: Enseñar estructuras de datos esenciales y algoritmos básicos, que sirvan de base para la IA.

- **Listas, pilas y colas**: Explicación con ejemplos y casos de uso.
- **Diccionarios y Conjuntos**: Estructuras de datos útiles para manipular grandes cantidades de información.
- **Algoritmos básicos**: Búsqueda lineal, búsqueda binaria, clasificación simple.
- **Ejercicio práctico**: Escribir un programa que encuentre el número más grande en una lista usando una estructura repetitiva.

Capítulo 5: Algoritmos clásicos para la IA

Objetivo: Introducir algoritmos que se utilizan habitualmente en la IA y áreas relacionadas.

- **Algoritmos de búsqueda y ordenación**: Explicar los algoritmos lineales, binarios y de ordenación (ordenación de burbujas, ordenación rápida).
- **Aplicaciones en IA**: Ejemplos prácticos de cómo se aplican estos algoritmos.
    - *Ejemplo*: Ordenación de datos para su análisis en modelos de aprendizaje automático.
- **Ejercicio práctico**: Implementar un algoritmo de clasificación en Python.

Capítulo 6: Introducción al aprendizaje automático

Objetivo: Proporcionar una visión general del aprendizaje automático y cómo utiliza la lógica de programación.

- **¿Qué es el Machine Learning?** Explique la supervisión, la no supervisión y el aprendizaje por refuerzo.

- **Construcción de un modelo simple**: Cree un modelo de clasificación básico con ejemplos reales.

    - *Ejemplo*: Clasificar las frutas por tamaño y color.

- **Ejercicio práctico**: Implementar un modelo de clasificación simple en Python.

Capítulo 7: Manipulación de datos para la IA

Objetivo: Enseñar la manipulación de datos, imprescindible para el preprocesamiento en IA.

- **Recopilación y limpieza de datos**: Introduzca cómo limpiar y organizar los datos.

- **Bibliotecas de Python**: Explique el uso de NumPy y Pandas para la manipulación de datos.

- **Ejercicio práctico**: Cargar un conjunto de datos simple y organizarlo con Pandas.

Capítulo 8: Creación de un modelo de IA sencillo

Objetivo: Guiar al lector en la creación de un modelo básico de IA utilizando lógica de programación.

- **Definición del problema y los datos**: Identifique el problema que resolverá el modelo.

- **Desarrollo** de modelos: Escriba el código para un modelo básico.

  o *Ejemplo*: Un clasificador binario simple.

- **Ejercicio práctico**: Crear un modelo que clasifique datos simulados utilizando Python.

Capítulo 9: Depuración y prácticas lógicas en IA

Objetivo: Enseñar a encontrar y corregir errores en el código de la IA.

- **Depuración**: Técnicas y herramientas de depuración en Python.

- **Mejora de la lógica**: Cómo optimizar la lógica de programación para el rendimiento.

- **Ejercicio práctico**: Un código con error intencional para que el lector lo corrija.

Capítulo 10: Conclusión y próximos pasos

Objetivo: Reforzar lo aprendido y ofrecer orientaciones para el estudio continuo.

- **Resumen de los conceptos clave**: Resumen de los principales conceptos tratados.

- **Próximos pasos**: Recomendaciones de cursos, libros y recursos para profundizar.

- **Mensaje final**: Estímulo para seguir explorando la IA a partir de los conocimientos adquiridos.

Material Extra

- **Glosario**: Términos y conceptos fundamentales de lógica e IA.

- **Referencias y lecturas recomendadas**: Enlaces y libros sobre lógica de programación e IA.

- **Ejemplos de código: Códigos listos para descargar en Python, para estudio práctico.**

Consejos de formato y diseño

- **Imágenes y diagramas**: Incluya diagramas de flujo, tablas de datos y visualizaciones para facilitar la comprensión.

- **Código resaltado**: Formatear el código en bloques claros y bien comentados.

- **Estilo**: Utilizar un lenguaje accesible y relajado para que el aprendizaje sea más ligero.

Este libro electrónico será una excelente introducción para cualquier persona que quiera aprender programación y lógica con un enfoque en la IA.

Capítulo 1: Introducción

1.1. Visión general de la inteligencia artificial (IA)

Este tema debería proporcionar una introducción a la Inteligencia Artificial y su importancia en el mundo actual.

- **Definición de IA**: Explicar qué es la Inteligencia Artificial. La IA es el área de la informática dedicada al desarrollo de sistemas que puedan realizar tareas que normalmente requieren inteligencia humana, como el reconocimiento de voz, la visión por ordenador y la toma de decisiones.

- **Áreas de aplicación de la IA:**

  o **Salud**: Diagnóstico de enfermedades, análisis de exámenes y seguimiento remoto de pacientes.

  o **Industria y Automatización**: Uso de robots en líneas de producción, optimización de procesos y mantenimiento predictivo.

  o **Finanzas**: Algoritmos de análisis de crédito, detección de fraudes y comercio automatizado.

  o **Servicio al cliente**: asistentes virtuales, chatbots y recomendaciones de productos.

- **Impacto de la IA en el mercado laboral y la sociedad**: Abordar cómo la IA está creando nuevas oportunidades de trabajo en áreas como el análisis de datos, el desarrollo de algoritmos y la ética de la IA, así como transformando las profesiones tradicionales.

1.2. La importancia de la lógica de programación para la IA

Aquí, el objetivo es explicar la importancia de la lógica de programación como base para la comprensión y el desarrollo de la inteligencia artificial.

- **El papel de la lógica en la resolución de problemas**: La lógica de programación permite la creación de soluciones estructuradas y eficientes. En la IA, la capacidad de descomponer problemas complejos en pasos lógicos es fundamental para crear algoritmos sólidos.

- **Por qué la lógica es importante para los modelos de IA**:
  - **Estructura e implementación de algoritmos**: Muchos algoritmos de IA, como las redes neuronales, los algoritmos de búsqueda y el aprendizaje supervisado, se basan en conceptos lógicos.

  - **Toma de decisiones**: La lógica ayuda a programar sistemas capaces de tomar decisiones basadas en reglas, que es la base para crear modelos de aprendizaje automático.

- **Ejemplo práctico**: Presente un ejemplo sencillo de un sistema que, basándose en las entradas, toma decisiones, como un programa que identifica si una persona puede votar según su edad.

1.3. Qué esperar del libro electrónico

- **Objetivo general**: Este libro electrónico enseñará lógica de programación aplicada a la IA ayudando al lector a desarrollar las bases para crear y comprender modelos de inteligencia artificial.

- **Cómo está estructurado el libro** :
  - **Capítulos progresivos**: Cada capítulo está diseñado para construir una base sólida, avanzando gradualmente a temas más aplicados, como el aprendizaje automático.

  - **Ejemplos prácticos y ejercicios**: El libro traerá ejemplos de código y ejercicios prácticos, especialmente en Python, para reforzar el aprendizaje teórico.

1.4. Requisitos y requisitos previos

Clarificar los conocimientos previos y las herramientas recomendadas para que el lector disfrute mejor del contenido.

- **Conocimientos básicos**: Para seguir este libro electrónico, no se requieren conocimientos avanzados de programación. Es adecuado para principiantes o aquellos con poca experiencia que quieran familiarizarse con la lógica aplicada a la IA.

- **Herramientas** recomendadas: Python será el lenguaje principal utilizado en los ejemplos, ya que es ampliamente utilizado en IA. Sugiera al lector que instale Python y se familiarice con un editor de código (como Jupyter Notebook o Visual Studio Code).

- **Recursos adicionales**:

  o **Bibliotecas**: Explique que a lo largo del libro electrónico se utilizarán bibliotecas específicas, como NumPy y Pandas, que se introducirán gradualmente.

  o **Entorno de desarrollo**: Recomiende una configuración básica, como Anaconda para administrar entornos en Python, útil para aquellos que no están familiarizados con la instalación de paquetes.

1.5. Introducción a Python y el pseudocódigo

- **Python para IA**: Introduzca rápidamente el lenguaje Python como el principal lenguaje para el desarrollo de IA debido a su simplicidad y amplia comunidad.

- **Pseudocódigo**: Explique la importancia del pseudocódigo para aprender lógica sin preocuparse inicialmente por la sintaxis del lenguaje. Presenta un ejemplo sencillo de pseudocódigo y su traducción a Python:

- **Pseudocódigo**: Ejemplo de un programa para comprobar si un número es par o impar.

```plaintext
SE (número MOD 2 == 0)
   ENTÃO escreva "O número é par"
SENÃO
   escreva "O número é ímpar"
```

- **Python**: código Python correspondiente al pseudocódigo anterior.

```plaintext
SE (número MOD 2 == 0)
   ENTÃO escreva "O número é par"
SENÃO
   escreva "O número é ímpar"
```

- **Ejercicio práctico**: Crear un programa de pseudocódigo sencillo para que el lector comprenda mejor la importancia de la lógica.

1.6. Motivación y próximos pasos

El viaje del aprendizaje de la lógica de programación y la inteligencia artificial está lleno de desafíos y recompensas. Con los conocimientos adquiridos a lo largo de este eBook, ahora tienes las herramientas fundamentales para aventurarte en el mundo de la programación y la IA. La lógica de programación y la construcción de algoritmos son habilidades cruciales que servirán como base para todos sus futuros proyectos e innovaciones en esta área.

Motivación: Recuerda que todo gran experto en inteligencia artificial comenzó con un simple paso. La curiosidad y la persistencia son tus mejores aliados. Al explorar y aplicar lo que has aprendido, descubrirás nuevas formas de resolver problemas y crear soluciones impactantes. La IA es un área en constante evolución y su contribución puede marcar la diferencia en varios sectores, desde la atención médica hasta la educación y la sostenibilidad.

Próximos pasos:

1. Práctica: La práctica es esencial para consolidar tu aprendizaje. Intenta resolver problemas de programación en plataformas como HackerRank, LeetCode o Codewars. Esto no solo te ayudará a reforzar tus habilidades, sino que también te preparará para situaciones del mundo real.

2. Proyectos personales: Comienza un proyecto personal que utilice los conceptos que has aprendido. Puede ser un simple modelo de predicción, un chatbot o cualquier otra aplicación que te interese. La experiencia práctica es invaluable.

3. Aprendizaje continuo: Continúa tu educación. Considere la posibilidad de ofrecer cursos, talleres o tutoriales en línea en áreas específicas de la IA, como el aprendizaje automático, el procesamiento del lenguaje natural o las redes neuronales. Recursos como Coursera, edX y Udacity ofrecen una amplia gama de cursos para todos los niveles.

4. Comunidad: Únete a comunidades en línea como foros de codificación, grupos de LinkedIn o eventos de hackathon. Interactuar con otros entusiastas y profesionales puede proporcionar nuevas ideas y perspectivas valiosas.

5. Exploración de herramientas y bibliotecas: familiarícese con las principales bibliotecas de IA, como TensorFlow, Keras y Scikit-learn. Estas herramientas son fundamentales para crear modelos avanzados y simplifican muchos procesos de desarrollo.

Capítulo 2: Fundamentos de la lógica de programación

2.1. Introducción a los conceptos básicos

En este tema se tratan los elementos básicos de la lógica de programación, explicando cómo sirven de base para crear algoritmos y programas.

- **¿Qué es la lógica de programación?** Definir la lógica de programación como el conjunto de instrucciones organizadas de forma lógica para resolver un problema específico. La programación es esencialmente una forma de describir soluciones utilizando un conjunto de reglas y marcos.

- **Pseudocódigo como herramienta de planeación**: Explique la importancia del pseudocódigo para la lógica de planificación antes de escribir el código final. Dé ejemplos sencillos y anime al lector a esbozar sus ideas utilizando pseudocódigo antes de codificar en Python.

2.2. Variables y tipos de datos

Introducir los conceptos de variables y tipos de datos más comunes en programación.

- **Variables**: Explique qué es una variable (una "caja" para almacenar valores) y cómo declarar una variable en Python. Muestre ejemplos de cómo definir variables y asignar valores:

```python
nome = "Maria"
idade = 25
altura = 1.70
```

- **Tipos de datos:**

- ○ **Entero** (int): Números enteros, como -1, 0, 5.

- ○ **Flotante** : Números decimales, como 2,5 o 3,14.

- ○ **Cadena** (str): cadenas de texto, como "¡Hola, mundo!".

- ○ **Booleano** : Valores lógicos, Verdadero o Falso, utilizados en condiciones.

- **Ejercicio de práctica**: Cree variables para almacenar el nombre, la edad y la altura de una persona, e imprima esos valores en la consola.

2.3. Operadores matemáticos y lógicos

En este punto, explique los operadores que ayudan a manipular los datos y crear condiciones.

- **Operadores matemáticos:**

  - ○ **Suma** (+), **resta** (-), **multiplicación** (*), **división** (/).

  - ○ **Módulo** (%): Devuelve el resto de la división entre dos números.

  - ○ *Ejemplo*: Calcula el promedio de tres números.

- **Operadores lógicos:**

  - ○ **E** : Devuelve True si ambas condiciones son verdaderas.

  - ○ **OR** : Devuelve True si alguna de las condiciones es verdadera.

  - ○ **NOT** : Invierte el valor lógico.

  - ○ *Ejemplo*: Cree una condición que compruebe si una edad está entre los 18 y los 65 años.

- **Ejercicio práctico**: Cree un programa que reciba dos números del usuario y verifique que ambos sean pares.

2.4. Estructuras condicionales

Los marcos condicionales son fundamentales para la toma de decisiones en los programas. Explique cómo usarlos para crear diferentes rutas de acceso en el código.

- **Estructura If y Else:**

    - Cómo funciona la condición if: si una condición es verdadera, ejecuta un bloque de código; de lo contrario, salta al siguiente bloque.

    - **Ejemplo**: Comprobar si una persona es mayor de edad.

```python
idade = int(input("Digite sua idade: "))
if idade >= 18:
    print("Você é maior de idade.")
else:
    print("Você é menor de idade.")
```

Estructura del ELIF:

- Cuando tenemos varias condiciones, podemos usar elif para crear más rutas.

- **Ejemplo**: Compruebe si una calificación es suficiente para aprobar, recuperar o reprobar.

```python
nota = float(input("Digite sua nota: "))
if nota >= 7.0:
    print("Aprovado")
elif nota >= 5.0:
    print("Recuperação")
else:
    print("Reprovado")
```

- **Ejercicio práctico**: Escribir un programa que pregunte al usuario su edad y, dependiendo de su edad, imprima un mensaje diferente (por ejemplo, menor, adulto o anciano).

2.5. Estructuras de repetición

Los marcos de repetición permiten que los bloques de código se ejecuten varias veces, lo que es esencial para la manipulación de datos en la IA.

- **Bucle para**:
    - Explique el bucle for en Python, que se utiliza para iterar sobre secuencias.
    - **Ejemplo**: Iterar sobre una lista de números e imprimir cada uno de ellos.

```python
numeros = [1, 2, 3, 4, 5]
for numero in numeros:
    print(numero)
```

Laço mientras:

- Explique el bucle while, que se repite mientras se cumple una condición.

- **Ejemplo**: Úselo while para contar hasta 10.

```python
contador = 1
while contador <= 10:
    print(contador)
    contador += 1
```

- **Ejercicio práctico**: Cree un programa que le pida al usuario que ingrese una contraseña y repita la solicitud hasta que se ingrese la contraseña correcta.

2.6. Funciones: Modularización del código

Enseñe a crear funciones para organizar el código en bloques reutilizables.

- **¿Qué es una función?**: Las funciones le permiten agrupar un conjunto de instrucciones en una "caja", a la que se puede llamar cuando sea necesario.

- **Definición de funciones en Python**:

  - Sintaxis de una función: def nome_funcao():

  - **Ejemplo**: Función para mostrar un mensaje de bienvenida.

```python
def boas_vindas():
    print("Bem-vindo ao sistema!")
```

Funciones con parámetros:

- Explicar cómo pasar información a una función y devolver valores.

- **Ejemplo**: Función para sumar dos números

```python
def soma(a, b):
    return a + b
resultado = soma(3, 5)
print(resultado)
```

- **Ejercicio práctico**: Cree una función que tome un número y devuelva si es par o impar.

2.7. Ejercicios prácticos y resolución de problemas

Termina el capítulo con ejercicios prácticos que ayuden a consolidar el aprendizaje.

1. **Ejercicio condicional**: Escriba un programa que pida una puntuación de 0 a 10 y devuelva si la puntuación es "baja" (0-5), "media" (5-7) o "alta" (7-10).

2. **Lazo para hacer ejercicio**: Cree un programa que tome una lista de números y calcule el promedio.

3. **Ejercicio con funciones**: Escribe una función que tome dos números y devuelva el más grande entre ellos.

4. **Ejercicio de integración**: Pida al usuario que introduzca una lista de números enteros. Con las funciones for, if y , cree una función que muestre cuántos números son pares y cuántos son impares.

2.8. Conclusión del capítulo

En el capítulo 2 se exploró la lógica de programación y la construcción de algoritmos, conceptos fundamentales que son la columna vertebral de cualquier desarrollo en inteligencia artificial. La lógica de programación es esencial para comprender cómo resolver problemas de una manera estructurada y efectiva, lo que permite a los programadores traducir problemas del mundo real en soluciones computacionales.

En este capítulo, los lectores aprendieron sobre la importancia de representar los algoritmos con claridad, utilizando diagramas de flujo y pseudocódigo. Estos métodos no solo facilitan la planificación de soluciones, sino que también ayudan a comunicar ideas complejas de una manera accesible. La introducción al concepto de algoritmos, incluyendo su definición y características, ha proporcionado una base sólida para comprender cómo se pueden utilizar los diferentes enfoques para resolver problemas específicos.

Además, la discusión de las operaciones básicas y las estructuras de control proporcionó herramientas prácticas que se pueden aplicar en una variedad de escenarios de programación. Los ejemplos y ejercicios prácticos ayudaron a consolidar este conocimiento, permitiendo a los lectores desarrollar sus propias habilidades en la construcción de algoritmos.

Con la comprensión obtenida en este capítulo, los lectores están bien preparados para avanzar al siguiente nivel, donde exploraremos las estructuras de datos esenciales y los algoritmos que son indispensables para la manipulación y el análisis de datos en proyectos de inteligencia artificial. Esta progresión garantizará que los lectores estén equipados con las habilidades que necesitan para abordar los desafíos más complejos de la IA.

Capítulo 3: Estructuras de datos y manipulación de datos

3.1. Introducción a las estructuras de datos

En este tema se presenta el concepto de estructuras de datos, explicando la importancia de organizar los datos de forma eficiente.

- **¿Qué son las estructuras de datos?** Explique que las estructuras de datos son formatos especializados para almacenar y organizar información, lo que permite acceder a los datos y manipularlos de manera eficiente.

- **Importancia para la IA:** En la inteligencia artificial, es común tratar con grandes volúmenes de datos. Las estructuras de datos ayudan a organizar y procesar esta información rápidamente, y son esenciales para el rendimiento de los algoritmos.

3.2. Listas

Empieza por introducir las listas, uno de los frameworks más básicos y ampliamente utilizados en Python.

- **¿Qué es una lista?** Explique que las listas son colecciones ordenadas de elementos que se pueden modificar. Le permiten almacenar varios tipos de datos, como números y cadenas.

- **Operaciones básicas con listas**:

    - **Creando una lista**: *números = [1, 2, 3, 4, 5]*

    - **Elementos de acceso**: *Números[0] (primer elemento)*

    - **Elementos modificadores**: *números[2] = 10*

    - **Agregar y eliminar elementos**: *numbers.append(6), numbers.remove(10)*

- **Ejemplo práctico**: Cree una lista de nombres e imprima un mensaje personalizado para cada nombre utilizando un bucle for.

- **Ejercicio práctico**: Crea un programa que reciba una lista de números y calcule la suma de todos los elementos.

3.3. Tuplas

Las tuplas son similares a las listas, pero son inmutables, lo que las hace útiles para almacenar datos que no se deben cambiar.

- **¿Qué es una tupla?** Una tupla es una secuencia de elementos que no se pueden modificar después de haber sido creados.

- **Ejemplo de tupla**: *Coordenadas = (10, 20)*

- **Ventajas de las tuplas**: Las tuplas son más eficientes en términos de rendimiento y se utilizan para representar datos que deben permanecer constantes.

- **Ejemplo práctico**: Cree una tupla para representar una fecha (día, mes, año) e imprima cada elemento por separado.

3.4. Diccionarios

Los diccionarios son estructuras de datos que almacenan pares de clave y valor, y son útiles para representar información de manera organizada.

- **¿Qué es un diccionario?** Los diccionarios almacenan datos mediante pares de claves y valores. Se utilizan para representar datos de forma asociativa, como una libreta de contactos.

- **Creación y manipulación de diccionarios**:

  ○ **Diccionario de ejemplo**: *contacto = {'nombre': 'Juan', 'edad': 25, 'teléfono': '1234-5678'}*

  ○ **Valores de acceso**: *contact['nombre']*

  ○ **Adición y eliminación de elementos**: *contact['email'] = 'joao@email.com', del contact['phone']*

- **Ejemplo práctico**: Crear un diccionario para almacenar la información de un estudiante (nombre, edad, curso) e imprimir esta información.

- **Ejercicio práctico**: Crear un diccionario para representar un producto (nombre, precio, cantidad en stock) e implementar un programa que calcule el valor total del inventario.

3.5. Conjuntos

Los conjuntos son estructuras de datos que almacenan elementos individuales, sin ningún orden en particular.

- **¿Qué es un conjunto?** Los conjuntos almacenan elementos individuales y se utilizan para operaciones como la unión y la intersección.

- **Creación y manipulación de conjuntos:**
  - **Ejemplo de conjunto**: *números = {1, 2, 3, 4}*
  - **Operaciones con conjuntos:**
    - **Unión**: *A | B*
    - **Intersección**: *A y B*
    - **Diferencia**: *A - B*

- **Ejemplo práctico**: Cree dos conjuntos de números y muestre la unión y la intersección entre ellos.

- **Ejercicio práctico**: Dada una lista de nombres con repeticiones, cree un conjunto con los nombres únicos y muéstrelos.

3.6. Manipulación de datos con comprensión de listas

Las comprensiones de listas son una forma concisa y eficiente de crear y manipular listas en Python.

- **¿Qué es la comprensión de listas?**: La comprensión de listas es una forma de generar listas en una sola línea de código, lo que facilita las operaciones de filtrado y transformación de datos.

- **Sintaxis básica:**

  - **Ejemplo**: cuadrados = [x**2 para x en rango(10)] (lista de cuadrados de los números del 0 al 9)

- **Ejemplo práctico**: Cree una lista de números pares del 0 al 20 utilizando la comprensión de listas.

- **Ejercicio práctico**: Utilizando la comprensión de listas, cree una lista que contenga los nombres de una lista original que comience con una letra determinada.

3.7. Funciones de agregación y estadísticas básicas

Enseñe a calcular estadísticas básicas, como el promedio y la suma, usando listas.

- **Funciones de agregación:**

  - **Soma**: suma(lista)

  - **Valor más alto y más bajo**: max (lista), min (lista)

  - **Longitud de la lista**: len(lista)

- **Estadísticas básicas:**

  - **Medios**: sum(lista) / len(lista)

- **Ejemplo práctico**: Calcular el promedio de una lista de edad de un grupo de personas.

- **Ejercicio práctico**: Cree una lista de temperaturas registradas en una semana y encuentre las temperaturas más altas, más bajas y promedio.

3.8. Manipulación de cadenas

Enseñe a trabajar con cadenas, incluidas las operaciones comunes de manipulación de texto.

- **Operaciones básicas de cadena**:
  - ○ **Concatenación**: nome_completo = nombre + " " + apellido
  - ○ **Corte**: texto[0:5]
  - ○ **Métodos de cadena**: text.lower(), text.upper(), text.replace('a', 'e')
- **Ejemplo práctico**: Reciba el nombre completo de un usuario y muestre el nombre en mayúsculas, minúsculas y mayúsculas.
- **Ejercicio práctico**: Recibir una frase del usuario y contar cuántas palabras hay en esa frase.

3.9. Ejercicios prácticos de integración

Proponer ejercicios que integren el uso de las estructuras de datos presentadas en este capítulo.

1. **Administrador de** contactos: Cree un diccionario donde las claves sean los nombres de las personas y los valores sean los teléfonos. Permitir que el usuario agregue, edite y elimine contactos.

2. **Informe de ventas**: Cree un programa que almacene productos en un diccionario, donde cada clave es el nombre del producto y la cantidad es el total de ventas. Permitir que el usuario agregue ventas y calcule las ventas totales al final.

3. **Operaciones con conjuntos**: Cree dos conjuntos con nombres de frutas y encuentre qué frutas están en ambos conjuntos, cuáles están solo en el primer conjunto y cuáles están solo en el segundo.

3.10. Conclusión del capítulo

En el capítulo 3 se presentan los conceptos básicos de programación que son esenciales para construir sistemas de inteligencia artificial. Al explorar la lógica de programación, las variables, las estructuras condicionales, los bucles y las funciones, se presentaron a los lectores las herramientas fundamentales que permitirán la implementación de algoritmos y modelos de IA.

Comprender la lógica detrás de la programación es crucial para desarrollar soluciones que puedan resolver problemas complejos. Las estructuras y bucles condicionales, por ejemplo, son fundamentales para la toma de decisiones y la iteración en procesos que involucran grandes conjuntos de datos. Además, la introducción a las funciones promovió la modularidad y la reutilización del código, principios que son vitales en proyectos de programación a mayor escala.

Este capítulo también incluyó ejercicios prácticos que ayudaron a reforzar el aprendizaje al permitir a los lectores aplicar la teoría de manera concreta. Al final de este capítulo, los lectores tienen una sólida comprensión de los principios básicos de la programación, lo que los prepara para el siguiente paso en su viaje: explorar las estructuras de datos y los algoritmos que son cruciales para la inteligencia artificial. Esta progresión lógica garantiza que estén bien equipados para manejar los desafíos más complejos que vendrán a medida que profundicen su conocimiento de la IA.

Capítulo 4: Algoritmos y estructuras de control

4.1. ¿Qué es un algoritmo?

En este tema, presentará el concepto de algoritmo y su importancia en la programación y la IA.

- **Definición de algoritmo**: Explique que un algoritmo es una secuencia de instrucciones para resolver un problema específico. Cada paso del algoritmo debe ser claro y ejecutable en un tiempo finito.

- **Importancia de los algoritmos para la IA**: Los algoritmos son fundamentales en la IA, ya que permiten procesar datos, tomar decisiones y resolver problemas complejos.

- **Ejemplo**: Demuestre un algoritmo simple para promediar tres números.

4.2. Estructuras secuenciales, condicionales y de repetición

Presentar las tres estructuras de control principales utilizadas en los algoritmos: secuencia, selección y repetición.

- **Estructuras secuenciales**: Explique cómo la ejecución secuencial de instrucciones es la base de cualquier programa, con comandos que se ejecutan en un orden específico.

- **Estructuras condicionales (selección):**
  - **If-Else**: muestra cómo crear condiciones mediante if, else y elif.
  - **Ejemplo**: Determinar si una persona es mayor de edad en función de su edad.

```python
idade = int(input("Digite sua idade: "))
if idade >= 18:
    print("Maior de idade")
else:
    print("Menor de idade")
```

- **Estructuras de repetición (bucles):**

    - **For** y **While**: Explique cómo usar for para iterar sobre secuencias y while para repetir un bloque de código siempre que se cumpla una condición.

    - **Ejemplo**: Utilice un bucle for para sumar todos los números de una lista y un bucle while para simular un contador hasta un número específico.

4.3. Estructura y representación de los algoritmos

Explicar cómo construir y representar algoritmos utilizando diagramas de flujo y pseudocódigo.

- **Pseudocódigo**: describa el pseudocódigo como una herramienta para planificar algoritmos antes de implementar el código real. Muestre ejemplos básicos, como el pseudocódigo para elevar un número al cuadrado.

- **Diagramas de flujo**:

    - Introducir el uso de diagramas de flujo para representar visualmente el flujo de control de los algoritmos.

    - **Ejemplo de diagrama de flujo**: Crea un diagrama de flujo simple para decidir si un número es par o impar.

- **Ejercicio práctico**: Pida al lector que dibuje un diagrama de flujo y escriba un pseudocódigo para determinar si un número es positivo, negativo o cero.

4.4. Algoritmos de clasificación

Introduce algoritmos de ordenación, como Bubble Sort, para enseñar al lector sobre la organización de datos.

- **Clasificación de burbujas:**
  - Explique cómo funciona la clasificación de burbujas como un algoritmo de clasificación básico que compara e intercambia elementos adyacentes.
  - **Ejemplo**: Ordenar una lista de números en orden ascendente mediante la ordenación por burbujas.
- **Otros algoritmos de clasificación:**
  - Mencione otros algoritmos, como el Ordenamiento por Selección y el Ordenamiento por Inserción, destacando que los algoritmos más avanzados (como el Ordenamiento Rápido y el Ordenamiento por Fusión) se utilizan en la IA para manipular grandes volúmenes de datos.
- **Ejercicio práctico**: Implemente Bubble Sort en Python para ordenar una lista de números proporcionada por el usuario.

4.5. Algoritmos de búsqueda

Explicar los algoritmos de búsqueda, como la búsqueda lineal y la búsqueda binaria, que se utilizan para localizar elementos en una colección de datos.

- **Busca Lineal:**
  - La búsqueda lineal recorre cada elemento de una lista hasta que encuentra el valor deseado.

- ○ **Ejemplo**: Escriba una función de búsqueda lineal que encuentre un número específico en una lista.

- **Búsqueda binaria**:

  - ○ La búsqueda binaria es un algoritmo más eficiente para listas ordenadas, que divide la lista en partes y reduce el número de comparaciones.

  - ○ **Ejemplo**: Demostración de la búsqueda binaria para buscar un elemento en una lista ordenada.

- **Ejercicio práctico**: Implementar una búsqueda lineal y una búsqueda binaria de un número en una lista de números enteros y comparar la eficiencia de los dos métodos.

4.6. Algoritmos recursivos

Introducir la recursividad como una técnica importante para resolver problemas dividiéndolos en subproblemas más pequeños.

- **¿Qué es la recursividad?**: Explique la recursividad como la técnica en la que una función se llama a sí misma para resolver un problema.

- **Ejemplo de recursividad**: Calcule el factorial de un número utilizando una función recursiva.

```python
def fatorial(n):
    if n == 0:
        return 1
    else:
        return n * fatorial(n - 1)
```

- **Aplicación en IA**: Analice cómo se utiliza la recursividad en IA para resolver problemas complejos, como en algoritmos de búsqueda y árboles de decisión.

- **Ejercicio práctico**: Crear una función recursiva para calcular el factorial de un número y una función para calcular la secuencia de Fibonacci.

4.7. Estructuras de control avanzadas: funciones lambda, mapeo, filtro y reducción

Introducir funciones y operaciones funcionales en Python, que son útiles para procesar datos en IA.

- **Funciones lambda**:
  - Explicar el uso de las funciones lambda, que son funciones anónimas en Python.
  - **Ejemplo**: Cree una función lambda para elevar al cuadrado un número: cuadrado = lambda x: $x^{**}2$.

- **Funciones de Mapeo, Filtro y Reducción**:
  - **Mapa**: Aplica una función a cada elemento de una lista.
  - **Filtro**: Filtra los elementos de una lista en función de una condición.
  - **Reducir**: reduce una lista a un solo valor mediante una función acumulativa.

- **Ejemplo práctico**: Utilice el mapa para duplicar los valores de una lista, filtre para mantener solo los números pares y reduzca para calcular el producto de los números de una lista.

- **Ejercicio práctico**: Cree una lista de números y utilice funciones lambda con map, filter y reduce para realizar operaciones de manipulación de datos.

4.8. Ejercicios prácticos de integración

Proponer ejercicios que requieran la aplicación combinada de los algoritmos y estructuras de control aprendidos.

1. **Sistema de Registro de Temperatura**: Crea un programa que registre las temperaturas diarias y te permita calcular la temperatura media, máxima y mínima semanal, utilizando funciones y estructuras condicionales.

2. **Buscar y ordenar listas**: implemente una función para ordenar una lista de nombres y otra función para buscar un nombre específico mediante la búsqueda binaria.

3. **Calculadora factorial y de Fibonacci**: Implementa funciones recursivas y con for para calcular la secuencia factorial y de Fibonacci, comparando la eficiencia de cada enfoque.

4. **Análisis de calificaciones de los estudiantes**: Cree un programa que tome las calificaciones de una clase, calcule el promedio, identifique al estudiante con la calificación más alta y verifique cuántos estudiantes estaban por encima del promedio usando filtro y lambda.

4.9. Conclusión del capítulo

En el capítulo 4 se abordaron las estructuras de datos fundamentales y los algoritmos que son cruciales para el desarrollo de aplicaciones de inteligencia artificial. Comprender cómo y cuándo usar estructuras como listas, pilas, colas, conjuntos y diccionarios es esencial para una manipulación eficiente de los datos, que es uno de los pilares del trabajo con IA.

Además, exploramos algoritmos comunes que operan en estos marcos, proporcionando una base sólida para implementar técnicas de aprendizaje automático y procesamiento de datos. Dominar estos marcos y algoritmos no solo facilita la implementación de soluciones de IA, sino que también mejora la eficiencia y el rendimiento de los sistemas, permitiéndoles manejar grandes volúmenes de datos de manera efectiva.

A lo largo de este capítulo, los lectores han sido equipados con el conocimiento necesario para aplicar estos marcos de manera práctica en sus proyectos. Con esta base, estamos listos para pasar al siguiente capítulo, donde exploraremos el desarrollo de algoritmos de IA, profundizando en técnicas que permiten la creación de modelos inteligentes y adaptativos.

Capítulo 5: Introducción al desarrollo de algoritmos para la inteligencia artificial

5.1. ¿Qué es un algoritmo de IA?

Empieza por explicar la definición de un algoritmo de IA y en qué se diferencia de un algoritmo tradicional.

- **Definición de algoritmo de IA**: Un algoritmo de IA es un conjunto de instrucciones que permite a un sistema procesar datos, reconocer patrones y aprender de las experiencias para realizar tareas de forma autónoma.

- **Diferencias con los algoritmos tradicionales**: Mientras que los algoritmos tradicionales siguen reglas estrictas, los algoritmos de IA son más flexibles y adaptables, y dependen de los datos para tomar decisiones.

- **Ejemplos comunes de algoritmos de IA**: reconocimiento de imágenes, procesamiento del lenguaje natural y recomendación de productos.

5.2. Introducción al aprendizaje supervisado y no supervisado

Explicar los conceptos de aprendizaje supervisado y no supervisado, los dos enfoques principales del aprendizaje automático.

- **Aprendizaje supervisado**:
  - Definición: Algoritmos que aprenden de datos etiquetados, es decir, donde ya se conoce el resultado esperado.
  - Ejemplos: Clasificación de correos electrónicos como spam o no spam, reconocimiento de dígitos escritos a mano.

- **Aprendizaje no supervisado**:
  - Definición: Algoritmos que aprenden de datos no etiquetados, detectando patrones y relaciones sin orientación directa.

- o Ejemplos: Agrupación de clientes en función de las preferencias de compra, análisis de segmentación de datos.
- **Ejercicio práctico**: Identificar y clasificar diferentes problemas cotidianos como aprendizaje supervisado o no supervisado.

5.3. Conceptos de regresión y clasificación

Introducir los dos tipos principales de problemas en el aprendizaje supervisado: la regresión y la clasificación.

- **Regresión**:
  - o Explicación: La regresión se utiliza para predecir valores numéricos continuos basados en variables de entrada.
  - o Ejemplo: Predicción de precios de bienes raíces en función de características como el tamaño, la ubicación y el número de habitaciones.
- **Clasificación**:
  - o Explicación: La clasificación se utiliza para categorizar los datos en clases discretas.
  - o Ejemplo: Identificar correos electrónicos como "spam" o "no spam".
- **Ejercicio práctico**: Elabore una lista de ejemplos cotidianos que impliquen regresión y clasificación, y explique la razón de cada clasificación.

5.4. Algoritmos Comuns de IA: K-Nearest Neighbors (KNN) e K-Means

Explicar algunos algoritmos introductorios de IA y aprendizaje automático, como KNN y K-Means.

- **K-Vecinos más cercanos (KNN):**
  - o Definición: Algoritmo de clasificación que clasifica los datos en función de los ejemplos más cercanos en el espacio de datos.

- Ejemplo: Clasificar los tipos de frutas en función del color, el peso y el tamaño, teniendo en cuenta las frutas "vecinas" conocidas.

- **K-Significa:**

  - Definición: Algoritmo de agrupación no supervisado que organiza los datos en grupos (clústeres) con características similares.

  - Ejemplo: Agrupar a los clientes de una tienda en segmentos en función de los comportamientos de compra.

- **Ejercicio práctico**: Crear un algoritmo simplificado en Python para agrupar una lista de números en dos grupos en función de la proximidad de los valores.

5.5. Nociones de redes neuronales

Introducir el concepto de redes neuronales artificiales, una de las técnicas más potentes de la IA.

- **¿Qué es una red neuronal?**: Las redes neuronales son modelos inspirados en el cerebro humano, formados por capas de nodos (neuronas) que procesan y transmiten información.

- **Estructura básica:**

  - **Capa de entrada**: Donde los datos iniciales ingresan a la red.

  - **Capas ocultas**: Donde se lleva a cabo el procesamiento y el aprendizaje de datos.

  - **Capa de salida**: Donde se genera el resultado final.

- **Ejemplo de aplicación**: Reconocimiento de imágenes, donde la red neuronal identifica objetos en una foto.

- **Ejercicio práctico**: Pida al lector que dibuje una representación de una red neuronal simple con una capa de entrada, una capa oculta y una capa de salida, etiquetando cada capa.

5.6. Fundamentos de la evaluación de modelos de IA

Enseñe la importancia de evaluar los modelos de IA abordando las métricas básicas de rendimiento.

- **¿Por qué evaluar modelos?**: La evaluación de modelos le permite comprender si el algoritmo es preciso y confiable para el problema que está tratando de resolver.

- **Métricas comunes**:

  o **Precisión**: Porcentaje de predicciones correctas en relación con el total.

  o **Precisión y recuperación**: se utiliza para evaluar modelos de clasificación, especialmente en conjuntos de datos desequilibrados.

  o **Error Absoluto Medio (MAE)** y **Error Cuadrático Medio (MSE)**: Se utilizan para modelos de regresión, midiendo la desviación de las previsiones de los valores reales.

- **Ejemplo práctico**: Explique cómo calcular la precisión de un modelo que clasifica imágenes como "gato" o "perro".

5.7. Pretratamiento de datos

Explicar cómo preparar y limpiar los datos antes de aplicar algoritmos de IA.

- **Importancia del preprocesamiento**: Los datos sin procesar pueden contener errores, valores faltantes e inconsistencias que afectan el rendimiento de los algoritmos.

- **Técnicas de preprocesamiento**:

- Normalización y estandarización: Ajuste los valores a un rango común, lo que ayuda a estandarizar las entradas del modelo.

- Manejo de valores faltantes: reemplace los valores que faltan por el valor medio, la mediana u otro valor.

- Codificación de datos categóricos: Convertir datos no numéricos en números, como convertir "sí" y "no" en 1 y 0.

- **Ejemplo práctico**: Proporcione una breve lista de datos con valores faltantes y pida al lector que la complete y la normalice.

5.8. Implementación básica de un modelo de IA en Python

Presenta un ejemplo básico de implementación de IA usando Python para ayudar a los lectores a comenzar con la programación práctica.

- **Herramientas necesarias**:

  - Bibliotecas: pandas para la manipulación de datos, scikit-learn para algoritmos básicos de IA.

- **Paso a paso**:

1. **Importación** de datos: Carga de datos desde un archivo público o conjunto de datos.

2. **Preprocesamiento**: Limpiar y organizar los datos.

3. División de datos: separación de datos en conjuntos de entrenamiento y prueba.

4. **Entrenamiento y evaluación**: Aplicación de un algoritmo (como KNN) para entrenar el modelo y evaluar el rendimiento con datos de prueba.

- **Ejemplo práctico**: Implementar un modelo KNN para clasificar especies de flores utilizando el conjunto de datos de scikit-learn "Iris".

5.9. Ejercicios de integración

Proponga ejercicios que desafíen al lector a aplicar lo que ha aprendido a lo largo del capítulo.

1. **Clasificador de correo electrónico**: simule un clasificador simple que identifique los correos electrónicos como "spam" o "no spam" mediante el aprendizaje supervisado básico.

2. **Agrupación de clientes**: Desarrolle un modelo de agrupación para organizar los datos de los clientes en función de la edad y el gasto medio, utilizando K-Means.

3. **Detección de anomalías en datos de temperatura**: Implemente un algoritmo que detecte valores fuera de la media en una serie de temperaturas, utilizando un algoritmo de regresión simple para estimar el valor esperado.

5.10. Conclusión del capítulo

El capítulo 5 ofreció una introducción completa a los principios fundamentales del desarrollo de algoritmos para la inteligencia artificial, lo que permitió al lector comprender los tipos de aprendizaje automático, como el aprendizaje supervisado y no supervisado, así como los enfoques clave de los problemas, como la regresión y la clasificación. Estos conceptos son cruciales para crear modelos que puedan aprender de los datos y adaptarse a ellos de manera efectiva.

Exploramos algoritmos esenciales, como K-Nearest Neighbors (KNN) y K-Means, así como redes neuronales artificiales, que son fundamentales para el avance de la IA. También abordamos la importancia de una adecuada preparación de datos y métricas de evaluación, que garanticen que los modelos de IA ofrezcan resultados precisos y fiables.

Este capítulo ha servido como punto de partida esencial para el desarrollo de algoritmos de IA, proporcionando al lector una base práctica y teórica. En los próximos capítulos, profundizaremos en el uso de herramientas y librerías específicas, permitiendo al lector avanzar hacia proyectos más complejos y dinámicos en el área de la inteligencia artificial.

Capítulo 6: Aprendizaje automático y sus aplicaciones

6.1. ¿Qué es el Machine Learning?

Comienza el capítulo definiendo el concepto de machine learning y su importancia dentro del campo de la inteligencia artificial.

- **Definición**: El aprendizaje automático es una rama de la inteligencia artificial que permite a los sistemas aprender de los datos, identificar patrones y tomar decisiones sin necesidad de programación explícita para cada tarea.

- **Importancia**: El aprendizaje automático es clave para construir modelos que puedan adaptarse a la nueva información y mejorar continuamente su rendimiento.

6.2. Tipos de aprendizaje de máquinas

Explicar los diferentes tipos de aprendizaje automático y sus características.

- **Aprendizaje supervisado**:

  - **Definición**: Un método en el que el modelo se entrena con un conjunto de datos etiquetados, es decir, cada entrada está asociada con una salida correcta.

  - **Ejemplos**: Clasificación (como el reconocimiento de imágenes) y regresión (previsión de ventas).

- **Aprendizaje no supervisado**:

  - **Definición**: Método en el que el modelo se entrena con datos sin etiquetar, buscando patrones y estructuras subyacentes.

  - **Ejemplos**: Clustering y reducción de dimensionalidad.

- **Aprendizaje por refuerzo:**

  - **Definición:** Método en el que un agente aprende a tomar decisiones a través de interacciones con un entorno, recibiendo recompensas o castigos.

  - **Ejemplo:** Juegos, como el ajedrez o los videojuegos.

6.3. Algoritmos de aprendizaje automático

Presentar algunos de los algoritmos más utilizados en el aprendizaje automático.

- **Regresión lineal:** Un método simple para modelar la relación entre variables.

- **Árboles de decisión:** Estructuras que modelan decisiones basadas en condiciones.

- **Máquinas de vectores de soporte (SVM):** Algoritmos utilizados para la clasificación y regresión.

- **Redes neuronales:** Modelos inspirados en el funcionamiento del cerebro humano, utilizados principalmente en tareas complejas como el reconocimiento de voz e imágenes.

6.4. Pretratamiento de datos

Analizar la importancia del preprocesamiento de datos para la eficacia de los modelos de aprendizaje automático.

- **Limpieza de** datos: eliminación de datos duplicados, gestión de valores faltantes y corrección de errores.

- **Normalización y estandarización:** Técnicas para escalar los datos, asegurando que todos los atributos contribuyan por igual al modelo.

- **División de datos:** la práctica de separar los datos en conjuntos de entrenamiento y prueba para evaluar el rendimiento del modelo.

6.5. Aplicaciones del aprendizaje automático

Explore algunas de las muchas aplicaciones prácticas del aprendizaje automático en diferentes industrias.

- **Salud**: Diagnóstico precoz de enfermedades a través del análisis de datos médicos.

- **Financiero**: Detección de fraudes en transacciones y predicción de tendencias del mercado.

- **Marketing**: Análisis del comportamiento del consumidor para la segmentación y personalización de campañas.

- **Transporte**: Vehículos autónomos que utilizan el aprendizaje automático para la navegación y la toma de decisiones.

6.6. Implementación de un modelo simple

Concluye el capítulo con un ejemplo práctico de cómo implementar un modelo de aprendizaje automático utilizando Python y una biblioteca popular como Scikit-learn.

- **Importación de datos**: Utilizando un conjunto de datos, como el conjunto de iris para la clasificación de flores.

- **Pre-procesamiento**: Limpieza y preparación de datos.

- **Entrenamiento del modelo**: creación y entrenamiento del modelo con datos etiquetados.

- **Evaluación**: Medición del rendimiento del modelo utilizando métricas como la precisión.

Conclusión del Capítulo 6

El capítulo 6 ofrece una visión completa del aprendizaje automático, uno de los pilares de la inteligencia artificial contemporánea. Al explorar sus definiciones, tipos, algoritmos y aplicaciones prácticas, los lectores han obtenido una sólida comprensión de cómo funciona el aprendizaje automático y su importancia en diversas industrias.

Se han detallado los conceptos de aprendizaje supervisado, no supervisado y de refuerzo, ofreciendo una visión clara de cómo se pueden utilizar diferentes enfoques para resolver problemas variados. La introducción a algoritmos fundamentales, como la regresión lineal, los árboles de decisión y las redes neuronales, proporciona a los lectores un punto de partida para implementar modelos prácticos.

Además, el capítulo enfatizó la importancia del preprocesamiento de datos, un paso crucial para garantizar que los modelos de aprendizaje automático sean precisos y eficientes. Al aprender a limpiar, normalizar y segmentar datos, los lectores están mejor preparados para manejar conjuntos de datos del mundo real, lo cual es vital para el éxito de los proyectos de IA.

Finalmente, al presentar un ejemplo práctico de implementación de un modelo simple en Python, el capítulo no solo reforzó la teoría, sino que también fomentó la práctica, permitiendo a los lectores aplicar lo aprendido en un contexto práctico.

Con este conocimiento en la mano, los lectores están listos para pasar a temas más complejos y especializados en el campo del aprendizaje automático. El siguiente paso en este viaje será profundizar en técnicas avanzadas y explorar cómo se puede integrar la IA en soluciones innovadoras, preparándolas para convertirse en protagonistas de la evolución de la tecnología.

Capítulo 7: Redes neuronales y aprendizaje profundo

7.1. ¿Qué son las redes neuronales?

Comience el capítulo definiendo el concepto de redes neuronales y su analogía con el cerebro humano.

- **Definición**: Las redes neuronales son modelos computacionales inspirados en la estructura del cerebro humano, compuestos por capas de nodos (neuronas) que procesan información y aprenden de los datos.

- **Importancia**: Son la base del aprendizaje profundo, permitiendo el modelado de relaciones complejas en grandes volúmenes de datos.

7.2. Estructura de una red neuronal

Describir la arquitectura básica de una red neuronal, incluidos sus componentes principales.

- **Neuronas**: Elementos básicos que realizan cálculos y transmiten señales.

- **Capas**:

    - **Capa de entrada**: Recibe los datos de entrada.

    - **Capas ocultas**: Procese datos a través de pesos y funciones de activación.

    - **Capa de salida**: Produce el resultado final de la red.

- **Ponderaciones y sesgos**: Explique cómo las ponderaciones ajustan la importancia de las entradas y el papel del sesgo en el modelado.

7.3. Funciones de activación

Explicar las funciones de activación y su importancia para las redes neuronales.

- **Definición**: Funciones que determinan la salida de una neurona en función de sus entradas.

- **Ejemplos de funciones**:

  - **Sigmoide**: Común en las redes neuronales más antiguas, pero puede causar el problema del "desvanecimiento del gradiente".

  - **ReLU (Unidad Lineal Rectificada)**: Muy utilizado en redes profundas debido a su eficiencia.

  - **Softmax**: Se utiliza en problemas de clasificación multiclase.

7.4. Entrenamiento de redes neuronales

Cubrir el proceso de entrenamiento de una red neuronal, incluidos los pasos clave.

- **Propagación hacia adelante**: Cómo se pasan los datos a través de la red para generar un pronóstico.

- **Cálculo** de pérdidas: Medición de la distancia a la que se encuentra la previsión del valor real.

- **Propagación hacia atrás**: El proceso de ajustar los pesos a través del algoritmo de propagación hacia atrás, minimizando la función de pérdida.

7.5. Aprendizaje profundo

Definir el concepto de aprendizaje profundo y cómo se relaciona con las redes neuronales.

- **Definición**: Un subcampo del aprendizaje automático que utiliza redes neuronales profundas (con múltiples capas ocultas) para modelar datos complejos.

- **Aplicaciones**: Reconocimiento de imágenes, procesamiento de lenguaje natural, juegos y más.

7.6. Herramientas y bibliotecas para redes neuronales

Presenta algunas de las principales herramientas y bibliotecas que se utilizan para crear redes neuronales.

- **TensorFlow**: Una de las bibliotecas más populares, desarrollada por Google, para crear y entrenar modelos de aprendizaje profundo.

- **Keras**: una API de alto nivel que se ejecuta sobre TensorFlow, lo que simplifica el proceso de creación de redes neuronales.

- **PyTorch**: Una biblioteca desarrollada por Facebook, ampliamente utilizada en investigación y academia debido a su flexibilidad.

7.7. Implementación de una red neuronal simple

Concluye el capítulo con un ejemplo práctico de cómo implementar una red neuronal simple usando Keras y TensorFlow.

- **Importación de datos**: Uso de un conjunto de datos como MNIST para el reconocimiento de dígitos.

- **Construcción del modelo**: Definición de la arquitectura de red, incluyendo capas y funciones de activación.

- **Compilación y Entrenamiento**: Configuración del modelo y entrenamiento con los datos.

- **Evaluación**: Medición del rendimiento de la red utilizando un conjunto de datos de prueba.

Conclusión del Capítulo 7

En este capítulo, los lectores fueron introducidos al mundo de las redes neuronales y al concepto de aprendizaje profundo. La comprensión de la estructura y el funcionamiento de las redes neuronales, junto con el proceso de entrenamiento, proporciona una base sólida para construir modelos que pueden resolver problemas complejos en una variedad de áreas.

La introducción a las herramientas y bibliotecas disponibles simplifica el acceso a la creación de redes neuronales, fomentando la experimentación y la aplicación práctica de los conceptos aprendidos. El ejemplo práctico de implementación de una red neuronal con Keras y TensorFlow brinda una valiosa oportunidad para que los lectores vean cómo aplicar la teoría en un proyecto real.

Capítulo 8: Procesamiento del lenguaje natural (PNL)

8.1. ¿Qué es el Procesamiento del Lenguaje Natural?

Comienza el capítulo definiendo el concepto de Procesamiento del Lenguaje Natural y su relevancia en la interacción entre humanos y máquinas.

- **Definición**: El PNL es un campo de la inteligencia artificial que se centra en la interacción entre los ordenadores y los humanos a través del lenguaje natural, lo que permite a las máquinas entender, interpretar y responder al texto o al habla de forma significativa.

- **Importancia**: El NLP es fundamental para crear aplicaciones que faciliten la comunicación y el análisis de datos textuales, como chatbots, traductores automáticos y sistemas de recomendación.

8.2. Componentes del procesamiento del lenguaje natural

Describir los principales componentes y pasos de la PNL.

- **Tokenización**: El proceso de descomponer un texto en unidades más pequeñas, como palabras o frases, para su análisis.

- **Análisis sintáctico**: La estructuración del lenguaje en oraciones y la identificación de relaciones entre palabras.

- **Análisis Semántico**: La comprensión del significado de palabras y frases en contexto.

- **Desambiguación**: El proceso de determinar qué significado tiene una palabra en un contexto dado.

8.3. Técnicas de PNL

Explicar algunas de las técnicas y métodos utilizados en la PNL.

- **Modelos de lenguaje**: Algoritmos que aprenden a predecir la siguiente palabra en una secuencia basada en palabras anteriores. Algunos ejemplos son los modelos de n-gramas y las redes neuronales recurrentes (RNN).

- **Análisis de sentimientos**: Técnica utilizada para determinar la emoción u opinión contenida en un texto, a menudo aplicada en el análisis de las opiniones de los consumidores y los comentarios sobre los productos.

- **Extracción de entidades con nombre** : identificación y clasificación de entidades de texto, como personas, organizaciones y ubicaciones.

8.4. Aplicaciones del procesamiento del lenguaje natural

Explore algunas de las muchas aplicaciones prácticas de la PNL.

- **Chatbots y Asistentes** Virtuales: Sistemas que interactúan con los usuarios a través del lenguaje natural, brindando soporte al cliente y automatización de tareas.

- **Traducción automática**: Sistemas que traducen texto o voz de un idioma a otro, como Google Translate.

- **Análisis de texto**: herramientas que ayudan a analizar grandes volúmenes de datos textuales para la extracción de información, como informes de encuestas y comentarios de clientes.

- **Resúmenes automáticos**: Sistemas que generan resúmenes concisos de textos largos, lo que facilita la digestión de la información.

8.5. Herramientas y bibliotecas de NLP

Presentar algunas de las principales herramientas y bibliotecas utilizadas para el procesamiento del lenguaje natural.

- **NLTK (Natural Language Toolkit):** Una popular biblioteca de Python que proporciona herramientas para trabajar con texto, incluida la tokenización, el análisis sintáctico y más.

- **spaCy:** Una biblioteca de NLP eficiente y rápida que admite múltiples idiomas y se utiliza en aplicaciones de producción.

- **Transformers:** Una biblioteca desarrollada por Hugging Face, que permite el uso de modelos de lenguaje avanzados, como BERT y GPT, para tareas de PNL.

8.6. Ejemplo de implementación de un PNL

Concluya el capítulo con un ejemplo práctico de cómo implementar una tarea simple de NLP utilizando NLTK o spaCy.

- **Importación de datos:** Carga de un conjunto de datos de texto (por ejemplo, reseñas de productos).

- **Tokenización y Análisis:** Aplicación de técnicas de tokenización y análisis sintáctico para comprender la estructura del texto.

- **Análisis de sentimientos:** Implementación de un modelo simple para clasificar las opiniones como positivas, negativas o neutrales.

- **Visualización de resultados:** Presentación de resultados de forma clara y comprensible.

Capítulo 8 Conclusión

En este capítulo, los lectores han sido introducidos al fascinante campo del Procesamiento del Lenguaje Natural (PLN) y su importancia en la comunicación entre humanos y máquinas. Comprender los componentes de NLP, como la tokenización, el análisis sintáctico y el análisis semántico, le brinda una base sólida para manejar textos de manera efectiva.

La exploración de las técnicas y aplicaciones de NLP ha demostrado cómo esta área se puede aplicar en una variedad de contextos, desde chatbots hasta análisis de sentimientos y traducción automática. La introducción a las herramientas y bibliotecas disponibles facilita el acceso al desarrollo de soluciones prácticas de PLN.

El ejemplo práctico de implementación de una tarea de PNL brinda a los lectores la oportunidad de aplicar los conceptos aprendidos en un proyecto real, fortaleciendo su comprensión y habilidades. Con este conocimiento, los lectores están listos para explorar temas más avanzados e innovadores dentro del campo del Procesamiento del Lenguaje Natural, contribuyendo al desarrollo de sistemas cada vez más inteligentes y útiles.

Capítulo 9: Visión por computadora

9.1. ¿Qué es la visión artificial?

Comienza el capítulo definiendo el concepto de visión artificial y su importancia en el campo de la inteligencia artificial.

- **Definición**: La visión por computadora es un subcampo de la inteligencia artificial que permite a las máquinas interpretar y comprender el mundo visual, procesando imágenes y videos para extraer información significativa.

- **Importancia**: La visión artificial es fundamental en aplicaciones que van desde el reconocimiento facial hasta el análisis de imágenes médicas y la navegación autónoma.

9.2. Componentes principales de la visión artificial

Describir los componentes y pasos esenciales de la visión artificial.

- **Adquisición de imágenes**: El proceso de capturar imágenes a través de cámaras o sensores.

- **Procesamiento de imágenes**: Métodos para mejorar y manipular imágenes, como el filtrado, el ajuste de contraste y la eliminación de ruido.

- **Análisis de imágenes**: Extracción de características e interpretación de los datos contenidos en las imágenes, incluidas las técnicas de segmentación y detección de bordes.

9.3. Técnicas de visión artificial

Explicar algunas de las técnicas y enfoques utilizados en la visión artificial.

- **Detección de objetos**: Métodos para identificar y localizar objetos en una imagen. Algunos ejemplos son Haar Cascades y YOLO (You Only Look Once).

- **Reconocimiento facial**: Técnicas que permiten la identificación y verificación de individuos a partir de sus rasgos faciales.

- **Segmentación de imágenes**: El proceso de dividir una imagen en partes significativas para facilitar el análisis. Esto puede incluir la segmentación por color, forma o textura.

- **Redes neuronales convolucionales (CNN)**: Un tipo de red neuronal especialmente diseñada para procesar datos con una estructura de cuadrícula, como imágenes, que se han vuelto fundamentales en la visión por computadora.

9.4. Aplicaciones de la visión artificial

Explore algunas de las muchas aplicaciones prácticas de la visión artificial en una variedad de industrias.

- **Reconocimiento de imágenes**: Úselo en plataformas de redes sociales para identificar rostros en fotos.

- **Autómatas y vehículos autónomos**: Sistemas que utilizan la visión artificial para detectar obstáculos y navegar por entornos complejos.

- **Medicina**: análisis de imágenes médicas, como radiografías y resonancias magnéticas, para ayudar en los diagnósticos.

- **Industria y Manufactura**: Inspección de la calidad del producto a través de cámaras automatizadas que detectan defectos.

9.5. Herramientas y bibliotecas para la visión artificial

Presentar algunas de las herramientas y bibliotecas clave que se utilizan para desarrollar aplicaciones de visión artificial.

- **OpenCV (Open Source Computer Vision Library)**: Una de las bibliotecas más populares para el procesamiento de imágenes y la visión por computadora, que proporciona funciones para la manipulación y el análisis de imágenes.

- **TensorFlow y Keras**: Se utilizan para implementar redes neuronales convolucionales y otras técnicas de aprendizaje profundo en visión artificial.

- **PyTorch**: Otra poderosa biblioteca que es ampliamente utilizada en la investigación de visión artificial debido a su flexibilidad y facilidad de uso.

9.6. Implementación de un proyecto de visión artificial

Concluye el capítulo con un ejemplo práctico de cómo implementar una tarea sencilla de visión artificial utilizando OpenCV.

- **Importación de datos**: Carga de una imagen de prueba.

- **Procesamiento de imágenes**: Aplicación de técnicas de filtrado y detección de bordes.

- **Detección de objetos**: uso de un modelo previamente entrenado para identificar objetos en la imagen.

- **Visualización de resultados**: Presentación de la imagen original y de la imagen procesada, resaltando los objetos detectados.

Conclusión del Capítulo 9

En este capítulo, los lectores fueron introducidos al campo de la visión por computadora y su importancia en una variedad de aplicaciones modernas. La comprensión de los componentes esenciales, como la adquisición, el procesamiento y el análisis de imágenes, proporciona una base sólida para el desarrollo de soluciones de visión artificial.

La exploración de las técnicas y aplicaciones demostró cómo se puede utilizar la visión por ordenador para resolver problemas reales, desde la identificación de rostros hasta el análisis médico. La introducción a las herramientas y librerías disponibles, como OpenCV y TensorFlow, facilita el acceso al desarrollo de proyectos prácticos en esta área. El ejemplo práctico de implementación de una tarea de visión artificial brinda a los lectores la oportunidad de aplicar los conceptos aprendidos en un proyecto real, reforzando su comprensión y habilidades. Con este conocimiento, los lectores están listos para explorar temas más avanzados en visión por computadora, contribuyendo al desarrollo de sistemas innovadores e inteligentes que pueden transformar la forma en que interactuamos con el mundo visual.

Capítulo 10: Ética y reflexiones finales en la inteligencia artificial

10.1. La importancia de la ética en la inteligencia artificial

Comienza el capítulo definiendo la ética en el contexto de la inteligencia artificial y por qué es un aspecto crucial a tener en cuenta.

- **Definición de ética de la IA**: La ética de la IA se refiere al conjunto de principios y normas que guían el desarrollo y la implementación de tecnologías de inteligencia artificial, con el objetivo de garantizar que sus aplicaciones sean justas, responsables y respeten los derechos humanos.

- **Importancia**: A medida que las tecnologías de IA se integran más en la vida cotidiana, sus implicaciones sociales, económicas y políticas requieren un enfoque ético cuidadoso para evitar consecuencias negativas.

10.2. Desafíos éticos en la inteligencia artificial

Describir algunos de los principales desafíos éticos a los que se enfrenta el desarrollo y el uso de la IA.

- **Sesgo y discriminación**: La IA puede perpetuar o incluso amplificar los sesgos existentes si los datos de entrenamiento contienen sesgos. Algunos ejemplos son los sistemas de reconocimiento facial que no logran identificar correctamente a las personas de grupos minoritarios.

- **Privacidad y seguridad** de los datos: La recopilación y el análisis de grandes volúmenes de datos plantean preocupaciones sobre la privacidad de los usuarios y la seguridad de la información personal.

- **Transparencia y explicabilidad**: Muchas soluciones de IA funcionan como "cajas negras", lo que dificulta la comprensión de cómo se toman las decisiones. Esto es especialmente crítico en áreas como la medicina y la justicia penal.

- **Responsabilidad y rendición de cuentas**: En caso de error o fallo de un sistema de IA, es esencial definir quién es el responsable: el desarrollador, la empresa o la propia máquina.

10.3. Directrices para el desarrollo ético de la IA

Presentar algunas pautas que se pueden seguir para garantizar el desarrollo ético de los sistemas de IA.

- **Equidad**: Garantizar que los sistemas de IA estén diseñados para ser justos y no discriminatorios, lo que implica diversidad en la recopilación de datos y el desarrollo de modelos.

- **Transparencia**: Implementar prácticas que hagan más comprensibles los procesos de toma de decisiones de la IA, permitiendo a los usuarios entender cómo y por qué se toman las decisiones.

- **Privacidad**: Adoptar estrictas medidas de protección de datos y garantizar que los usuarios tengan control sobre su información personal.

- **Rendición de cuentas**: Establecer marcos claros de rendición de cuentas que atribuyan las consecuencias de las decisiones tomadas por los sistemas de IA a personas u organizaciones.

10.4. El futuro de la inteligencia artificial

Explorar las perspectivas futuras de la inteligencia artificial y las implicaciones éticas que pueden surgir.

- **Avances tecnológicos**: Discusión sobre cómo el avance de la IA puede transformar las industrias, mejorar la eficiencia y crear nuevas oportunidades de empleo, pero también presenta desafíos éticos a medida que las máquinas se vuelven más autónomas.

- **Colaboración hombre-máquina**: La importancia de desarrollar un equilibrio saludable entre la automatización y la interacción humana, asegurando que la IA complemente las habilidades humanas en lugar de reemplazarlas.

- **Regulación y políticas**: La necesidad de un marco regulatorio claro para guiar el desarrollo y el uso de la IA mediante la promoción de prácticas éticas y la protección de los derechos de las personas.

10.5. Consideraciones finales

Concluya el capítulo y el libro electrónico reflexionando sobre el viaje del lector a través del contenido presentado.

- **Resumen del aprendizaje**: Reafirmar la importancia de los fundamentos de la programación, el aprendizaje automático, el procesamiento del lenguaje natural y la visión por computadora, así como enfatizar la relevancia de la ética en todas las aplicaciones de IA.

- **Inspiración para el futuro**: Anime a los lectores a continuar su exploración en el área de la inteligencia artificial aplicando no solo sus habilidades técnicas, sino también una conciencia ética a sus proyectos.

- **Llamado a la acción**: Inspirar a los lectores a ser proactivos para contribuir a un futuro en el que la inteligencia artificial se desarrolle y utilice de manera responsable y ética, beneficiando a la sociedad en su conjunto.

Capítulo 10 Conclusión

En este capítulo, se presentó a los lectores la importancia de la ética en la inteligencia artificial, abordando los desafíos que surgen con el uso de estas tecnologías y las pautas necesarias para su desarrollo responsable. A medida que la IA continúa evolucionando e integrándose en la sociedad, la consideración ética se vuelve cada vez más esencial.

Las directrices analizadas proporcionan un camino claro para el desarrollo ético de los sistemas de IA, haciendo hincapié en la equidad, la transparencia, la privacidad y la rendición de cuentas. De cara al futuro, es crucial que tanto los desarrolladores como los usuarios de IA adopten una postura ética hacia las tecnologías que crean y utilizan.

Materiales adicionales

Término	Definición
Algoritmo	Un conjunto de instrucciones o reglas definidas para resolver un problema o realizar una tarea específica.
Análisis de sentimientos	Técnica de Procesamiento del Lenguaje Natural (PNL) que identifica y clasifica las opiniones o sentimientos expresados en un texto, como positivos, negativos o neutros.
Grandes datos	Conjuntos de datos extremadamente grandes y complejos que no se pueden administrar o analizar fácilmente con los métodos tradicionales.
Clasificación	Un problema de aprendizaje automático en el que el objetivo es categorizar los datos en clases o grupos predefinidos en función de características específicas.
CNN (Red Neuronal Convolucional)	Tipo de red neuronal diseñada para procesar datos con una estructura de cuadrícula, como imágenes. Se utiliza en tareas de visión artificial.

Término	Definición
Deep Learning (Aprendizado Profundo)	Un subcampo del aprendizaje automático que utiliza redes neuronales profundas para aprender representaciones de datos de varias capas.
Desambiguación	El proceso de identificar cuál es el significado correcto de una palabra o frase en un contexto determinado.
Ingeniería de datos	El proceso de preparar y transformar datos para que puedan ser utilizados por algoritmos de aprendizaje automático e inteligencia artificial.
Marco de referencia	Un conjunto de herramientas y bibliotecas que proporcionan un marco de desarrollo para facilitar la creación de aplicaciones, como TensorFlow y PyTorch.
Generación de Lenguaje Natural (NLG)	Un subcampo de la PNL que se centra en la creación de texto o voz de una manera que sea comprensible y natural para los humanos.
Hiperparámetros	Parámetros definidos antes de entrenar un modelo de aprendizaje automático, que controlan el proceso de aprendizaje y afectan al rendimiento del modelo.
IA (Inteligencia Artificial)	La simulación de los procesos de la inteligencia humana mediante sistemas informáticos, incluyendo el aprendizaje, el razonamiento y la autocorrección.

Término	Definición
IA general	Un concepto teórico de inteligencia artificial que tendría la capacidad de realizar cualquier tarea cognitiva que un humano pueda realizar.
IA débil	Sistemas de IA diseñados para realizar tareas específicas y limitadas, como asistentes virtuales y chatbots.
Lógica	Rama de la filosofía y las matemáticas que estudia los principios del razonamiento válido. En programación, la lógica es fundamental para la construcción de algoritmos.
Modelo de aprendizaje automático	Una representación matemática o computacional de un problema, creada a partir de datos de entrenamiento.
PNL (Procesamiento del Lenguaje Natural)	Un campo de la IA que permite a las máquinas comprender, interpretar y generar lenguaje humano de forma significativa.
Previsión	El acto de usar un modelo de aprendizaje automático para estimar resultados futuros en función de datos históricos.
Red neuronal	Un modelo computacional inspirado en la estructura del cerebro humano, compuesto por neuronas interconectadas que procesan información.
Regresión	Un tipo de problema de aprendizaje automático que implica predecir un valor continuo en función de los datos de entrada.

Término	Definición
Segmentación de imágenes	El proceso de dividir una imagen en partes o regiones significativas para su análisis, a menudo utilizado en la visión por computadora.
Entrenamiento de modelos	El proceso de enseñar un modelo de aprendizaje automático utilizando un conjunto de datos de entrenamiento, ajustando sus parámetros para minimizar los errores.
Transfer Learning (Aprendizado por Transferência)	Técnica de aprendizaje automático en la que un modelo entrenado en una tarea se reutiliza como punto de partida para un modelo en una tarea diferente.
Visión por Computador	Un campo de la IA que permite a las máquinas interpretar y comprender el mundo visual, procesando imágenes y vídeos para extraer información significativa.
Puntuación Z	Medida estadística que describe la posición de un valor en relación con la media de un grupo de valores, que se utiliza a menudo para detectar anomalías en los datos.

Esta tabla proporciona una visión clara y organizada de los términos y conceptos fundamentales relacionados con la lógica y la inteligencia artificial.

Referencias y Lecturas Recomendadas

Libros

1. **"Inteligencia Artificial: Un Enfoque Moderno"** - Stuart Russell y Peter NorvigUno de los libros más completos y respetados en el campo de la IA, cubre todo, desde los fundamentos hasta las aplicaciones avanzadas.

2. **"Deep Learning"** - Ian Goodfellow, Yoshua Bengio y Aaron CourvilleEste libro es una referencia esencial para comprender el aprendizaje profundo, ya que abarca tanto la teoría como la práctica.

3. **"Python Machine Learning"** - Sebastian Raschka y Vahid MirjaliliUna guía práctica que te enseña a implementar algoritmos de aprendizaje automático en Python.

4. **"Reconocimiento de patrones y aprendizaje automático"** - Christopher M. BishopUn libro completo que ofrece una introducción detallada al reconocimiento de patrones y el aprendizaje automático.

5. **"Programming in Haskell"** - Graham HuttonUna excelente introducción a la lógica de programación utilizando el lenguaje Haskell, que hace hincapié en la programación funcional.

Artículos y Ponencias

1. **"La ética de la inteligencia artificial"** - Nick Bostrom y Eliezer Yudkowsky, un artículo que analiza las implicaciones éticas de la IA y la importancia de considerar la ética en su desarrollo.

2. **"La atención es todo lo que necesitas"** - Ashish Vaswani et al. Este artículo presenta el modelo Transformer, que ha revolucionado el procesamiento del lenguaje natural.

Recursos en línea

1. **Coursera - Machine Learning por Andrew Ng**
   Coursera Machine Learning
   Un curso gratuito y muy recomendable para principiantes en el aprendizaje automático.

2. **edX - Introducción a la Informática y la Programación con PythonedX**
   Curso de PythonUn curso introductorio que cubre la lógica de programación y los conceptos básicos de programación.

3. **Kaggle**
   Kaggle
   Una plataforma para competiciones de ciencia de datos y aprendizaje automático, donde puedes practicar y aprender de conjuntos de datos reales.

4. **Hacia la ciencia**
   de datos Hacia la ciencia de datos
   Un blog de Medium que presenta artículos sobre IA, aprendizaje automático y ciencia de datos, accesibles y escritos por profesionales en el campo.

Comunidades y Foros

1. **Stack Overflow**
   Stack Overflow
   Una comunidad de desarrolladores en la que puedes hacer preguntas y encontrar respuestas sobre programación e IA.

2. **Reddit - r/MachineLearning**
   Reddit Machine Learning
   Una comunidad activa de entusiastas y profesionales del aprendizaje automático que comparten noticias, investigaciones y proyectos.

3. **Foro de Alineación de la IA**

   Foro de Alineación

   de la IA Un espacio para el debate sobre la alineación de la IA y las cuestiones éticas relacionadas con el desarrollo de sistemas inteligentes.

Ejemplos de código Python descargables

1. Lógica básica de programación

- **Descripción**: Un ejemplo sencillo de lógica de programación que muestra estructuras condicionales y bucles.

- **Código:** Descargar: logica_programacao.py

```python
# Exemplo de Lógica de Programação: Números pares e ímpares
for i in range(1, 11):
    if i % 2 == 0:
        print(f"{i} é um número par")
    else:
        print(f"{i} é um número ímpar")
```

2. Manipulación de listas

- **Descripción**: código que muestra cómo manipular listas en Python, incluida la adición, la eliminación y la iteración.

- **Código**: Descargar: manipulacao_listas.py

```python
# Exemplo de Manipulação de Listas
numeros = [1, 2, 3, 4, 5]
numeros.append(6)  # Adiciona um número
print(numeros)

numeros.remove(2)  # Remove um número
print(numeros)

# Iteração sobre a lista
for numero in numeros:
    print(f"Número: {numero}")
```

3. Aprendizaje automático: clasificación con Scikit-learn

- **Descripción**: Un ejemplo básico de clasificación utilizando el conjunto de datos Iris y el algoritmo KNN.

- **Código:** Descargar: classificacao_iris.py

```python
# Exemplo de Classificação com Scikit-learn
from sklearn.datasets import load_iris
from sklearn.model_selection import train_test_split
from sklearn.neighbors import KNeighborsClassifier

# Carregando o conjunto de dados
iris = load_iris()
X = iris.data
y = iris.target

# Dividindo os dados em conjuntos de treino e teste
X_train, X_test, y_train, y_test = train_test_split(X, y, test_size=0.2, random_state=42)

# Treinando o modelo
modelo = KNeighborsClassifier(n_neighbors=3)
modelo.fit(X_train, y_train)

# Avaliando o modelo
precisao = modelo.score(X_test, y_test)
print(f"Precisão do modelo: {precisao:.2f}")
```

4. Procesamiento del lenguaje natural: análisis de sentimientos con NLTK

- **Descripción**: Un ejemplo de análisis de opiniones mediante la biblioteca NLTK.

- **Código**: Descargar: analise_sentimentos.py

```python
# Exemplo de Análise de Sentimentos com NLTK
import nltk
from nltk.sentiment import SentimentIntensityAnalyzer

# Baixando o pacote necessário
nltk.download('vader_lexicon')

# Analisando sentimentos
analisador = SentimentIntensityAnalyzer()
texto = "Eu amo programação! É tão gratificante."

resultado = analisador.polarity_scores(texto)
print(f"Resultado da análise de sentimentos: {resultado}")
```

5. Computer Vision: Detección de bordes con OpenCV

- **Descripción:** Un ejemplo de detección de bordes en una imagen utilizando la biblioteca OpenCV.

- **Código:** Descargar: deteccao_bordas.py

```python
# Exemplo de Detecção de Bordas com OpenCV
import cv2

# Carregando a imagem
imagem = cv2.imread('caminho/para/imagem.jpg', cv2.IMREAD_GRAYSCALE)

# Aplicando detecção de bordas
bordas = cv2.Canny(imagem, 100, 200)

# Mostrando a imagem com bordas
cv2.imshow('Bordas', bordas)
cv2.waitKey(0)
cv2.destroyAllWindows()
```

Conclusión

En este libro electrónico, exploramos los fundamentos de la lógica de programación con un enfoque especial en su aplicación en el campo de la inteligencia artificial. Desde conceptos lógicos básicos hasta técnicas avanzadas de aprendizaje automático, el contenido se ha estructurado para proporcionar una comprensión integral de las habilidades esenciales necesarias para cualquiera que busque ingresar a este campo en constante evolución.

Esperamos que las prácticas presentadas, los ejemplos de código y los recursos recomendados hayan sido útiles para tu aprendizaje. El viaje al campo de la programación y la inteligencia artificial puede ser desafiante, pero también extremadamente gratificante. Sigue practicando, experimentando y aprendiendo, y encontrarás nuevas oportunidades y posibilidades para aplicar tus habilidades.

Gracias

Agradecemos a todos los que contribuyeron a la realización de este libro electrónico. En primer lugar, un agradecimiento especial a los autores e investigadores cuyos trabajos han servido de referencia e inspiración para este contenido. Su dedicación al campo de la inteligencia artificial y la programación es fundamental para el avance del conocimiento.

También agradecemos a los educadores y profesionales del campo que compartieron sus experiencias y enseñanzas, ayudando a dar forma al futuro de los nuevos programadores y expertos en IA.

Por último, un agradecimiento a ti, el lector, por invertir tu tiempo y energía en aprender y crecer. ¡Te deseamos mucho éxito en tu viaje en la programación y la inteligencia artificial!

Sobre el autor

 Paulo Fagundes es un profesional de las tecnologías de la información con experiencia senior en Inteligencia Artificial y Desarrollo de Software. Tiene una sólida formación en lógica de programación y aprendizaje automático, habiendo trabajado en varios proyectos que combinan innovación tecnológica y soluciones prácticas.

Actualmente, Paulo es Chief AI Officer (CAIO) en MakeAI Innovations, donde lidera iniciativas de desarrollo de inteligencia artificial. También se desempeña como ingeniero principal de indicaciones de GenAI/seguridad, científico de investigación de IA, ingeniero maestro de aprendizaje automático e ingeniero de datos. Además, es el propietario de los perfiles de IA de CodeXpert en X e Instagram, donde comparte ideas y recursos sobre programación e IA.

Apasionado por enseñar y compartir conocimientos, Paulo siempre está buscando nuevas formas de desmitificar conceptos complejos, haciéndolos accesibles para todos. Cree que la educación es la clave del futuro, especialmente en el campo de la tecnología, donde la adaptación y el aprendizaje continuo son esenciales.

Puedes conectar con Paulo y seguir su trabajo a través de su perfil de LinkedIn: Paulo Fagundes

www.ingramcontent.com/pod-product-compliance
Lightning Source LLC
Chambersburg PA
CBHW070127230526
45472CB00004B/1457